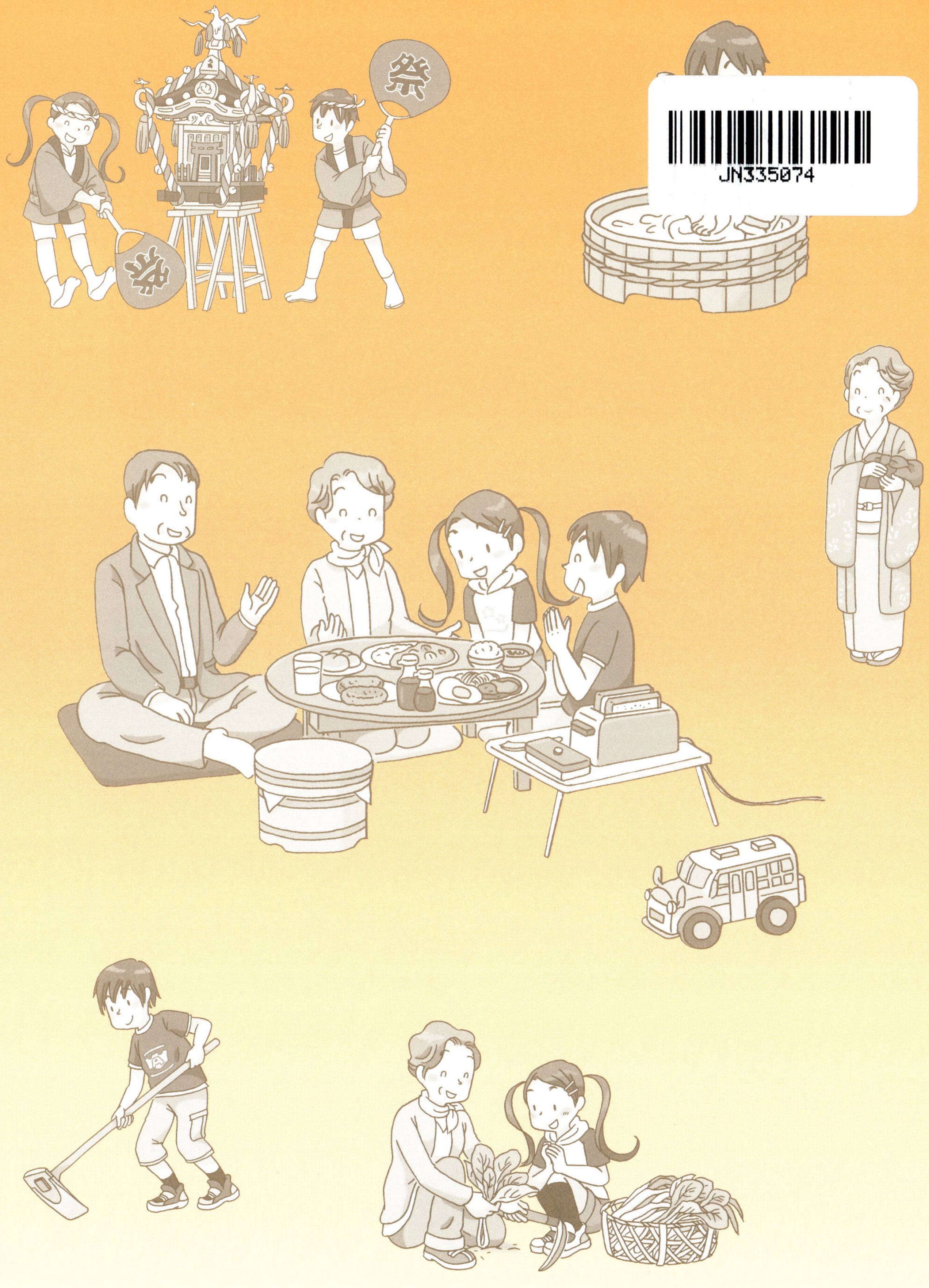
祭

昔のくらしと道具

① 農家の仕事と道具

監修 東洋大学名誉教授 大島建彦
文 大角 修

小峰書店

もくじ

- 農家のようす …… 4
- 農家の一年 …… 6
- 田植えの前に …… 8
- 田植えと道具 …… 10
- 稲をまもる …… 12
- 稲刈り …… 14
- 稲の脱穀 …… 16
- 籾すり …… 18
- 米つき（精米） …… 20
- 冬と春の田んぼ …… 22
- 畑の作物 …… 23
- トイレと肥料 …… 24
- わらでつくったもの …… 26
- わら細工の道具 …… 28
- 土間は家の中の庭 …… 30
- 昔の教科書を読む …… 32

全巻さくいん …… 34

博物館につくられている昔の農家の庭（千葉県立房総のむら）

昔の農家のようすがみられるところにやってきたよ。

昔の農家などをのこしているところがあるね。そういうところにいけば、昔の田畑の仕事の道具もおいてあるよ。

稲刈りのあと、庭に広げたむしろの上で籾をほしたのよ。

農家の庭は、いろんな仕事をする場所だったそうだよ。

農家のようす

　農家には、母屋（主屋）のほかうまやや納屋などの建物、それに広い庭がありました。
　「農家は家族がくらすだけの家ではない。いろいろな農作業をするのに、便利なようにつくられているんだ」と、おじいさんが教えてくれました。

昔の農家のまわり　農家のまわりは田畑になっている。
（千葉県立房総のむら）

図中のラベル：屋敷林／井戸小屋／蔵／母屋／外便所／うまや／庭／納屋／長屋門／道／畑／生け垣

家のまわりの林は冬の強い風をふせいでくれるんだ。
それに、落ち葉をあつめて、たきつけや肥料にするなど、いろんな役にたったんだよ。

近くの畑でとれる野菜を、家族で食べたそうよ。

秋には家のそばのカキに、実がなるのが楽しみだったんだって。

農村の景色 川のそばの平地は田んぼ、山のふもとの小高いところは田んぼや畑になっている。農家は、林にかこまれていることが多い。

農家の建物

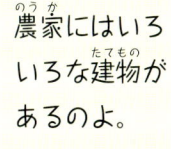

農家にはいろいろな建物があるのよ。

母屋 家族がくらすための建物。大きな屋根はカヤやアシ、わらなどでふかれている。

長屋門 部屋がある門で、農具をしまっておくためなどに利用された。

蔵 火事でももえないように、ぶあつい土の壁にした倉庫。お祭りの日の晴着など、たいせつなものをしまっておく。

うまや 馬や牛をかっていた建物。

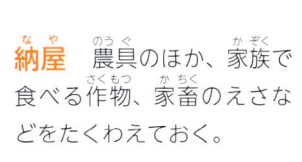

納屋 農具のほか、家族で食べる作物、家畜のえさなどをたくわえておく。

（写真は千葉県立房総のむらにある3つの農家で見られるおもな建物）

農家の一年

春は苗しろづくり、種まき、夏のはじめに田植え、夏は草とり、秋は稲刈り……。農家のくらしは稲作が中心でした。

田んぼのほかに、畑もあります。その田畑で、季節ごとに、いろいろな作物をつくりました。

> 田んぼでは、秋に米を取りいれたあと、冬から春にかけて麦をつくることが多かったね。

> 畑では、いろんな野菜をつくっていたわ。それを家族みんなで食べたのよ。

田畑でつくった作物

	春	夏	秋	冬
田	稲 →→→→→→→→→→→			
	→→		麦 →→→→→→→→	
畑	エンドウ ソラマメ タマネギ	ジャガイモ ナス キュウリ カボチャ	サツマイモ サトイモ ダイズ ダイコン ニンジン キビ アワ ヒエ	ホウレンソウ シュンギク

> 同じ田んぼで、夏には稲、冬には麦などの作物をつくることを二毛作というよ。

> 畑では、このほかにも、いろんな野菜や、ソバ・ダイズなどをつくったのよ。

60年ほど前の教科書から　米が食べられるようになるまで

（五）こめの　できるまで

- たねまき
- なわしろ
- きかいで　田を　たがやす
- うしや　うまで　田を　たがやす
- 田うえ
- 田の　くさとり
- わるい　むしを　ころす
- くすりを　まいて　わるい　むしを　ころす
- かかしご　なるこ
- いねかり
- だっこく
- もみすり
- こめの　きょうしゅつ
- えきから　つみだす
- こめの　はいきゅうじょ

東京書籍『あたらしい　しゃかい　二ねん』（昭和29年）

- わたしが子どものころの、米づくりのようすが、よくわかるわね。
- 右下には「うしや　うまで田を　たがやす」と書いてあるよ。
- わたしが子どものころには、機械が使われはじめたけれど、まだ、馬や牛を使うほうが多かったね。
- 「くすりを　まいて　わるい　むしを　ころす」とあるよね。このころから農薬も、よく使われるようになったんだ。
- 田植えも稲刈りも、人が1列にならんでやっているよ。
- まだ、田植え機や稲刈りの機械がなかったので、たくさんの人が手作業でしたのよ。
- 稲刈りのあとは、機械で脱穀して、籾すりをした。そうして、取りいれた米は、自分の家で食べるほか、町に出荷したんだ。馬車で貨物列車の駅まで米を運ぶようすもかかれているね。

★きょうしゅつ（供出）……太平洋戦争（1941〜1945年）のときに定められた米の統制策が戦後もつづき、農家は決められた量の米を売り出すことが義務づけられていた。

★はいきゅうじょ（配給所）……米の販売所。消費者は『米穀手帳』をもち、一定の量を買うことができた。

田植えの前に

　春がおわるころ、すっかりあたたかくなった田んぼで、田植えの準備がはじまります。

　「田おこし」といって、田んぼをたがやします。それから、「代かき」です。田んぼに水をいれ、肥料もまいて、よく土をならします。

レンゲソウがさく春の田　レンゲソウは秋に種をまいてつくる。かりとって牛や馬のえさにするほか、そのまま土にすきこめば肥料になる。

田をたがやす馬　1人がたづなをもって馬をひき、もう1人がまぐわをもっている。(埼玉県川越市)

> 今ではトラクターなどの機械で田んぼをたがやすけれども、わたしが子どものころは、人がくわやすきを使ったり、牛や馬の力をかりたりして、たがやすことが多かったよ。

> 手でもって、すきの方向をかえたり、おさえたりしてコントロールする。

> 土をたがやすのはたいへんだから、牛や馬の力をかりたのね。

> よくなれてないと、じょうずに、すきを使えなかったそうだよ。

> ロープをとおし、馬か牛につなぐ。

> 土につきさしてたがやす。

馬・牛につけるすき（犂）　長さは1m40cmほど。

8

まぐわ 馬・牛にひかせて、土をこまかくする道具。その作業は「代かき」ともいう。幅は1mほど。

人の力でたがやす道具

えぶり 代かきのとき、田んぼの土をたいらにするために使う。長さは1mほど。

くわ（鍬） いろいろな刃の形のくわを、田畑の土のようすや作業によって使いわけた。長さは1mほど。

すき（鋤） スコップのように土をほりおこす道具。長さは1mほど。

機械がある今だって、人がする作業は多いよ。田んぼのすみをととのえるなど、こまかいことは、やっぱり人の手でしなくちゃね。

9

田植えと道具

春に田んぼで麦を取りいれたあと、田植えをします。そのころには、つゆどきになって、雨がよくふり、田んぼにたっぷりと水をいれることができるようになります。
家族や親類、村のみんながいっしょになって、にぎやかに田植えをしました。

苗は、苗代という田に種をまいて、育てておき、田んぼにうえかえたのよ。

すじひき 苗をまっすぐうえるため、田植えの前に使った。

田植えのしかた 苗を2、3本つかんで、根もとを土にうめこむ。

子どもも苗を運んだりして手つだった。そのため、田植えの時期は学校が休みになったよ。

苗をうえているのは早乙女とよばれる女の人たちだよ。田植えの祭りの日はきれいな着物を着たんだって。

田植えの祭り 米がよくみのるように、神様に願う祭りで、昔の田植えのようすをつたえている。（香川県小豆島町）

60年ほど前の教科書から　田植えの一日

（大日本図書『たのしいしゃかいか　2ねん』（昭和30年））

🧒 田植えどきは、朝4時ごろに田んぼにいったんだね。

👦 まだ暗いうちに田んぼにいったものだよ。とても、いそがしい時期だったからね。

👵 田のそばにたっている子は、田植えをしている人に苗の束をなげたのよ。そうすると、苗をとりにもどらなくてもいいからね。

🧒 昼ごはんのときも家にかえらず、田んぼのそばで食べたんだ。

👩 そのお弁当やお茶をもっていくのが子どもの仕事だったね。

👧 「きんじょの　うちと　くみを　つくって　たうえを　します」と書いてあるよ。

👵 近所のみんなが協力して、順番に田植えをしたのよ。それで「いちろうくんの　うちの　ばんは　あさってです」と書いてあるのよ。

🧒 そうして夜まで、田植えをしたんだね。

稲をまもる

　田植えがおわって夏になると、毎日、田んぼをみまわって、用水路から水をいれたり、雑草をとったりしました。夏の田んぼの草とりは、暑くて、つらい仕事でした。
　おじいさんはいいます。
「草とりをするだけでなく、田んぼを毎日みまわって、害虫や病気、日照りなどから稲をまもったんだよ」

田んぼの水いれ　昔は、人の手で用水路の流れをかえて、田んぼに水をいれた。今はパイプで水をいれることができる。

田打車　稲の列のあいだをおして歩き、雑草をとりのぞいた除草機。

雑草がたくさんはえると稲の育ちが悪くなるんだって。

わたしの子どものころからは、雑草や害虫をふせぐために、農薬がよく使われるようになったんだよ。

夏のおわりごろ、やっと稲に米ができはじめると、スズメが米を食べにくるわ。それで、かかしをたてたり、大きな音をたてたりして、スズメをおいはらうのよ。

かかし　人のすがたでスズメをおいはらう。

60年ほど前の教科書から　稲をまもる

きょうは、四かいめの たのしい さとりです。

おてんきつづきで、たんぼの 水は、ゆのような あつさです。

「この ぶんで いけば、ことしは おこめが たくさん とれるだろう。」

と、おとうさんが いいました。

のうぎょうしけんじょの ひとが きて、がいちゅうを しらべています。

ひでりや あらしや 大水の ときには、むらじゅう そうで いねを まもります。

ひでり あらし

大水

26

27

大日本図書『たのしいしゃかいか　2ねん』（昭和30年）

「おてんきつづきで、たんぼの水は、ゆのような あつさです」だって。そんな日でも、草をとったのね。

暑いと、どんどん雑草がはえてくるからね。だから、同じ田んぼで4回くらい草とりをしたんだ。

けれど、天気が悪くてすずしい夏だと、お米がよくみのらないわ。だから、農家はお天気がつづくほうが、うれしかったのよ。

でも、日照りがつづくと、田んぼの水がかれてしまうよ。

そうね。水がたりないのが、いちばんこまるわね。日照りのときは、遠くから水を運んで、田んぼにいれることもあったわ。

「のうぎょうしけんじょの人」というのは、米がたくさんとれるように研究している人だよ。どんな農薬を使えばいいか、肥料をどうするか、などを農家の人と話しあっているんだ。

13

稲刈り

秋になって、稲の穂が黄色に色づいたら、稲刈りです。稲は鎌を使って、人の手でかりとりました。

「稲刈りの時期も田植えと同じで学校が休みになって、みんなでお手つだいをしたよ」と、おばあさんがいいました。

米がみのった稲の穂

今の稲刈り コンバインという大きな機械を人が運転して稲刈りをしている。

のこぎり鎌 稲刈り用の鎌で、刃がのこぎりのようになっている。

稲の根もとをザクザクきる。

> 稲刈りは一日中、こしをかがめてする仕事だったわ。

昔の稲刈りを体験 かりとった稲は、腰につけたわらでしばって、たばにする。

稲のたばを木にさげてほす

> 子どもは、稲のたばをほすところに運ぶのを手つだったよ。

60年ほど前の教科書から　稲刈りのころ

大日本図書『たのしいしゃかいか　2ねん』（昭和30年）

🧒 稲刈りの日も、暗いうちから田んぼにいったんだね。

👨 この農家では、まず家の近くの田んぼで稲刈りして、朝ごはんは、いったん家にかえって食べたようだね。それから、また田んぼにいって、昼ごはんは田んぼのそばで食べたんだ。

👧 昼ごはんのあとも稲刈りをして、家にかえって夕ごはんを食べるのは6時ころなのね。

🧒 それから、かりとった稲を荷車で家に運んでくる仕事もしたって。牛が荷車をひいているよ。

👵 稲は田んぼでほすことも多いけれども、ここにかかれている農家では、庭でほしたのね。

👩 稲刈りのころには、畑のイモほりもしたんだ。

👨 左側には、稲刈りや脱穀などのようすも書いてあるよ。

15

稲の脱穀

かりとった稲は、1週間くらいほします。そして、よくかわいたころに、脱穀をします。
脱穀とは、稲の穂からお米をとることです。

穂 たくさん米がみのる。

葉 細長い形をしている。

籾 穂についている米粒は「もみ」という。からをかぶっている米だ。

茎（稈） わらとして利用する。

稲 お米は稲の実だ。

脱穀の道具

千歯こき くしのような歯のあいだに穂をとおして米をおとす。

大昔はかりとった穂を地面でたたいて脱穀していたんだ。300年くらい前の江戸時代に千歯こきが使われるようになり、わたしの子どものころは、足踏み脱穀機を使っていた。

それもやがてエンジンでまわす機械にかわっていったね。

足踏み脱穀機 足でふむと、ドラムがまわる。ドラムの針金にイネの穂をあてて脱穀する。

籾をかわかす

籾ほし むしろの上に、籾を広げて、よくかわかす。

えぶり 田をならす道具だが、籾を広げるのにも使った。よくかわかすには、籾をうすく広げる。

今のコンバイン コンバインなら、稲のかりとりから脱穀までを一度におこない、トラックにつみこむことができる。トラックは機械でかわかす乾燥場に籾を運んでいく。

> 機械が使いやすいように、小さな田んぼをいっしょにして広くしたり、道をまっすぐになおしたりしたので、昔と今では、田んぼのようすもかわったわね。

籾すり

　脱穀した米の籾は、天気のよい日に農家の庭に広げて、ほしました。

　そして、よくかわいたら、籾がらをとりのぞきます。その作業を「籾すり」といいます。

　籾がらをとった米は、ぬかがついているもので、玄米といいます。

籾がら 玄米がかぶっていたから。

玄米 ぬかをとる前の米。

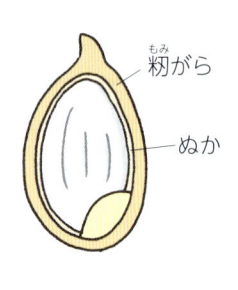

籾すり機 籾と籾をこすりあわせて、籾がらをとる。わらであんだむしろの上で、作業することが多かった。

むしろ

ごみをとる

箕 竹でつくったもので、ちりとりのように、かたほうがひらたい。米・麦・豆などを運んだり、風でごみをとばしたりするのに使う。

> かるい籾がらを風でふきとばして玄米とわけるのよ。

玄米をよりわける道具

籾すりしたあとのお米には籾がらやごみがまざっている。そこから玄米だけをえらぶ。

万石どおし 籾すりした玄米を上からおとし、くず米、われた米粒などをふるいにかけてとりのぞく。千石どおしともいう。

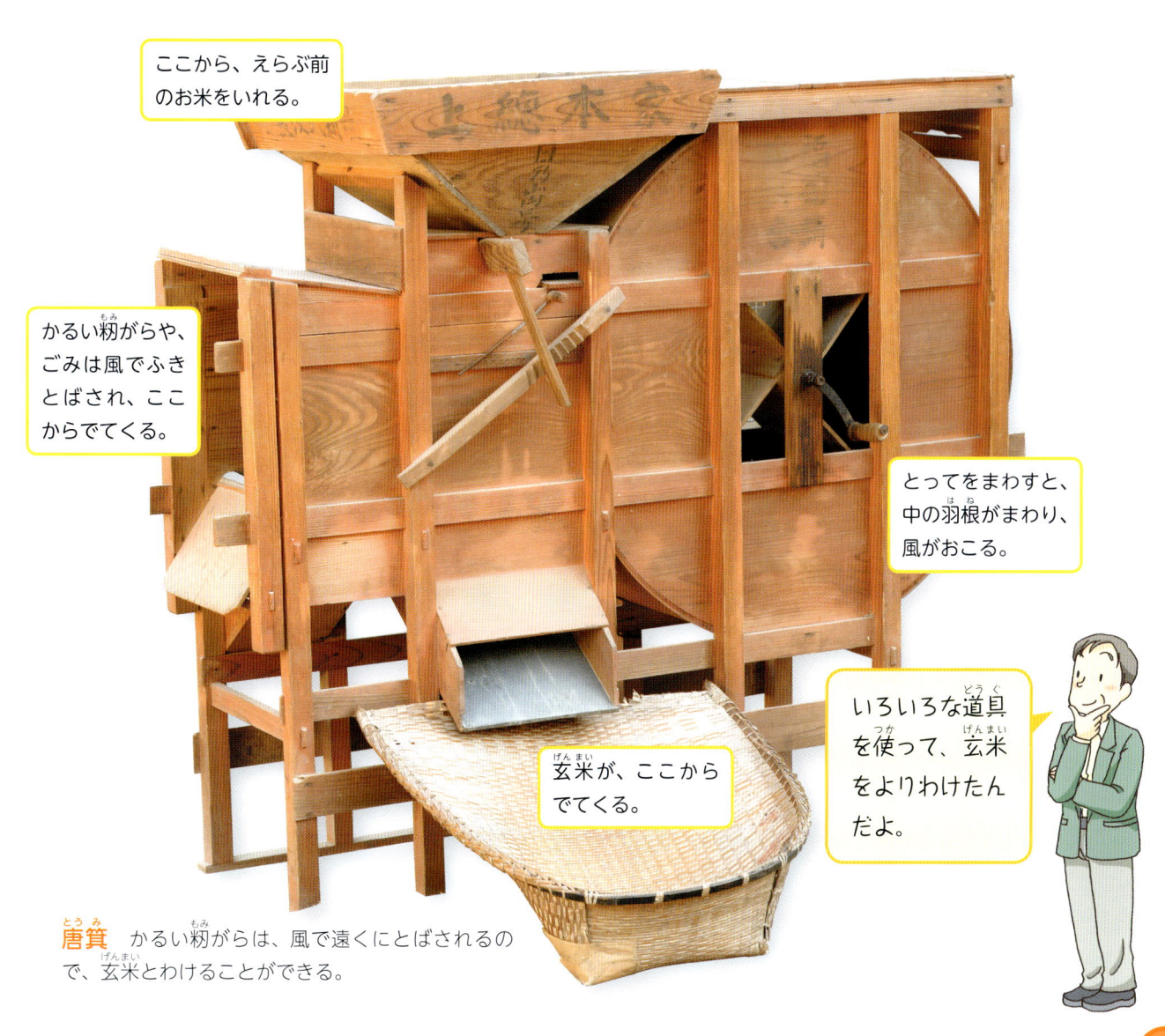

- ここから、えらぶ前のお米をいれる。
- かるい籾がらや、ごみは風でふきとばされ、ここからでてくる。
- とってをまわすと、中の羽根がまわり、風がおこる。
- 玄米が、ここからでてくる。
- いろいろな道具を使って、玄米をよりわけたんだよ。

唐箕 かるい籾がらは、風で遠くにとばされるので、玄米とわけることができる。

米つき（精米）

　ごはんをたく白米は、玄米のぬかをとったものです。昔は、臼でついて、ぬかをとりました。

　ぬかをとるために米をつくことを「精米」といいます。

玄米

白米

ぬか　家畜のえさや、ぬかづけに利用する。

きね

臼

唐臼　臼の反対側のはしを足でふんで、きねをうごかす。

水車小屋

水車小屋の中　水車の力で、きねをうごかし、臼にいれた玄米をついた。右は小麦を粉にする臼。

60年ほど前の教科書から　大きな精米所

ふたりは じむしょの うらに まわって みました。そこでは せいまいを して いました。この せいまいじょは くみあいで やって いるのです。
モーターの 力で せいまいきが ぐるぐる うごいて います。きかいの あいだで せいまいじょの 人たちが いそがしそうに はたらいて います。
「わたしの うちでも ここで 米を ついて もらうのです」
と、ちえ子さんが いいました。
せいまいじょには いま せいまいきが 二だい あります。そ゛れでも いそがしいので、らい年までには、もう 一だい かう ことに なって いるそうです。

― 40 ―

東京書籍『あたらしい しゃかい 三年上』（昭和29年）

上の教科書には、モーターでうごく機械で米つきをする精米所の話がでているんだ。足踏みや水車の臼より、大がかりになってきたよ。
絵にある男の子と女の子が見学にいったんだね。

農協（農業協同組合）の事務所の裏側の建物に、その機械があったのね。「わたしの うちでも ここで 米を ついてもらうのです」というのは、それまでは家ごとに、臼で精米していたのがかわってきたのよ。

お米は、たわらにつめて、リヤカーで運んでいる。大八車という荷車も使われたよ。

ニワトリがいるよ。

こぼれた「くず米」やぬかを食べているのよ。

くず米は、米粒のかけらとか、ちゃんと粒になっていないお米だよ。昔の農家ではよくニワトリをかっていて、くず米やぬかをえさにしていたよ。

21

冬と春の田んぼ

　稲刈りのあと、田んぼには麦やナタネ、レンゲソウなどの種をまきました。
「そして、春になると、田んぼは一面、緑の麦や黄色の菜の花で、きれいだったわ」と、おばあさんがいいました。

麦が芽をだしている冬の田　麦は霜におおわれても、かれない。

菜の花がさいた田　これはナタネの花で、種を収穫し、油をとる。

麦の穂　春になると、麦はどんどん大きくなり、つゆになるころには、みのる。この写真は小麦の穂。

今は冬に、なにもつくっていない田んぼが多くなったけれども、昔は田んぼで冬に麦をつくることも多かったんだよ。

穀打台　かりとった麦の穂をたたきつけて、脱穀した。麦打台ともいう。

畑の作物

「家のそばの畑では、季節ごとに、いろんな野菜をつくって、おかずにしたよ」と、おばあさん。
　畑では、野菜のほかに、アワ、ヒエ、ソバなどの雑穀やイモをよくつくりました。

> 家のそばの畑では、おかず用の野菜、遠い山すその畑では雑穀を、よくつくっていたね。

> 畑では、アズキやダイズなどの豆も、よくそだてたわ。自分の家で、みそをつくるとき、そのダイズを使ったのよ。

アワ　　　　ヒエ　　　　ソバ　　　　ダイズ

> 雑穀は、お米みたいにぬかをとって食べることができない。それで、粉にして食べることが多かったね。

石臼　まるい石が2だん、かさねてある。上の穴から穀物をいれ、まわすと、右の写真にみえるみぞにはさまり、粉になって、すきまからでてくる。直径30〜60cmほど。

ふるい　穀物の粉と、ごみをわけたり、白米とぬかをわけたりするのに使う。

トイレと肥料

　田畑の土は、作物をつくっているうちに、だんだん養分が少なくなります。そのため、肥料をいれないと、作物がよくそだたなくなります。

　「わたしが子どものころは、大小便をためておいて肥料にしたんだよ」と、おじいさんが教えてくれました。

人間の大小便だけでなく、牛や馬の糞も、よい肥料になるのよ。

トイレ（便所）　便器の下につぼなどがあり、大便・小便をためるようになっていた。

トイレから大小便をくみだす道具

てんびんぼう　田畑まで大小便をかついでいった。

柄杓と桶　トイレの大小便を柄杓でくみとり、桶にうつした。

おじいさんの話

田畑のそばまで運んだ大小便は、肥だめにいれたんだ。肥だめとは、地面につぼをうめて、大小便をためておくものだね。

そのままおいておくと、大小便がよい肥料になるんだよ。

肥だめ

落ち葉は家のまわりの林や近くの山の森であつめたのよ。

堆肥 草や落ち葉、家畜の糞などをまぜ、畑のすみにつみあげておく。そうすると、よい肥料になる。

籾がらの灰も、かまどの灰も、土をよくするために田畑にまいたんだって。

籾がら焼き 籾がらをつみあげて、煙突をさし、火をつけて、こんがりと焼く。

わらでつくったもの

稲の茎（稈）は稲わらといい、いろいろなものの材料に使いました。

「稲はお米をとるだけでなく、わらもとてもたいせつなものだったのよ」と、おばあさんがいいました。

博物館や郷土資料館にいけば、わらでつくったものが、たくさんみつかるよ。

たわら（俵） 米をつめて運んだり、保存するふくろ。重さ約60kg。

みの（蓑） 雨の日にレインコートのように使った。

わらじ（草鞋） はきものの1種で、なわで足にしばりつける。

むしろ（筵） 地面にしいて、米や麦をほすほか、じゅうたんのように板の間にしいた。

古くなって使えなくなったら、燃料にしたり、肥料にしたりしたのよ。

わらぼっち わらをつんでためておくもの。

縄ない体験 わらをよじって、縄をつくる。

お祝いや魔除けのわら

しめ縄 お正月に家の門や神社の入り口にかざる。

わら馬 田んぼの神様がのるという馬をわらでつくったもの。

魔除けのヘビ

綱つり 村のさかいにさげ、わらの人形やタコをつり、魔除けにする。

たいせつなお米ができる稲のわらには、ふしぎな力があるとつたえられているんだって。

27

わら細工の道具

　わらは稲の茎（稈）です。じょうぶなすじがあるので、ゴワゴワしています。ですから、そのままでは、わら細工には使えません。

　それで、つちでたたいたり、機械でしごいたりして、やわらかくします。

わら打ち　木のつちで、わらをたたく。

わら打ち機　わらをローラーにとおして、やわらかくする。

わら細工には、穂や葉をとりのぞいてた稲の茎を使うんだって。

わら

わら

縄をなう部分

縄をまきとる
ドラム

ペダル 足でふんで、なわを
なう部分をまわす。モーター
でまわす機械もあった。

縄ない機 わらを２つにわけて
いれると、自動的によりあわせ
て、縄をつくる。大きさは、幅１
m50cmほど。

縄をまきとるところ できた縄
は、自動的にまきとる。

おしきり機 わらをこまかく切る道
具。わらを馬や牛の小屋にしくときや、
えさにするときなどに使った。

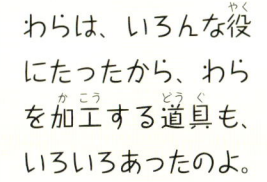

わらは、いろんな役
にたったから、わら
を加工する道具も、
いろいろあったのよ。

土間は家の中の庭

　土間は「土の部屋」という意味です。家の中なのに、どうして「土の部屋」があるのでしょうか？
　「おもての庭が家の中にもあるようなのが土間だから、庭ともいったよ。床が土のままだから、くつをぬがなくても作業できる。わら細工をして、ごみがちらかってもいいし、雨の日だって、仕事ができるよ」と、おじいさんが教えてくれました。

土間は、くつをぬがずに作業できるところなんだよ。

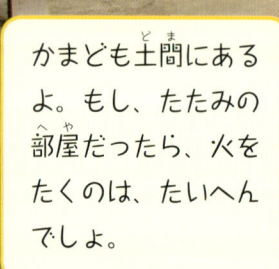

かまども土間にあるよ。もし、たたみの部屋だったら、火をたくのは、たいへんでしょ。

土間 粘土や砂などをまぜて、たたいてかたくしてある。

いろんな道具も
おいてある。

そうか。農家の土間は
外の庭と同じで仕事を
するのに使いやすかっ
たんだね。屋根がある
からぬれないし。

昔の教科書を読む

おじいさん・おばあさんが子どものころの教科書から、そのころの農家の仕事について書かれているところを紹介します。どんなようすだったのかと想像しながら、読んでください。

> わたしが小学生だったころを思い出すねえ。

1957年の教科書

おひゃくしょうの仕事

田んぼやあぜ道に緑の草の芽がみえるようになりました。村にも春がやってきたのです。

おひゃくしょうは田んぼの仕事がきゅうにいそがしくなります。苗代をつくって種をまきます。それから田をたがやして田植えの用意をします。

やがて毎日、雨がふりつづくつゆにはいります。このころが田植えをするのによいときです。苗代に青々とそだった苗を、こんどは広い田んぼにうえるのです。

田植えになると、おひゃくしょうの家では、おとなも子どももみんな力をあわせて、いそがしくはたらきます。苗代から苗を運んだり、田んぼに弁当をもっていくのは子どもの役目です。

東京書籍『新編 あたらしい しゃかい 三年上』昭和32年

> 農家のいちばんいそがしい時期は、田植えと稲刈りのときね。子どもも仕事を手つだったから、学校だって休みになったのよ。

> 今では苗代をあまりみなくなったね。今の田植え機でうえる苗は、ビニールハウスの中に箱をならべてつくるから、苗代は必要なくなったんだよ。

> それに、今は5月の連休のころに田植えをする地方が多いのよ。あたたかいビニールハウスの中で早くから苗をつくれるし、用水路がととのって、つゆをまたなくても、田んぼに水をいれられるからよ。

> 冬に麦をつくる二毛作もあまりしなくなったから、麦の収穫をまたなくても田植えができるしね。

＊教科書から引用した文は、読みやすくするため、漢字・ひらがなの表記、句読点などを改めました。

1955年の教科書

機械を使う農業

わたくしたちの村でも、前は田や畑をたがやしたり、取りいれをしたりするのに、みな人手でしていました。そのために、ほねばかりおれて、仕事はなかなかすすみませんでした。（中略）また、村の人々は田や畑をたがやすのに、機械を使うことにつとめました。はじめて機械を取りいれたころは、使いかたがわからないために、故障をおこしたり、けがをしたりして、こまったこともあったそうですが、今ではそのような心配もなくなりました。また、村の人たちが共同で機械を買って、順番をきめてなかよく使っているところもあります。

村の中には、馬や牛を使って田や畑の仕事をする家もふえてきました。馬や牛は機械ほどに仕事は早くありませんが、肥料をとることができるので、つごうがよいのです。

東京書籍『新しい社会 四年上』昭和30年

> 手で使う道具なら、しくみがかんたん。こわれても修理しやすいけれど、機械の修理はむずかしいよね。それに、使いかたになれないと、大けがをしてしまうよ。

1960年の教科書

稲をまもる

稲をよくそだてるために農家の人は、いろいろな肥料を使います。夏の田の草とりは、ほねのおれる仕事です。今では薬や機械を使うので、仕事がはやくなりました。また、害虫などをふせぐために機械を使って薬をまくくふうもしています。この薬は危険なので、赤い旗をたてて注意をします。

東京書籍『あたらしい しゃかい 3年上』（昭和35年）

> いろいろな肥料というのは、大小便や堆肥などね。わたしが子どものころには、化学肥料もたくさん使われるようになったわね。

> 農薬もよく使われるようになった。おもに、雑草がふえないようにする除草剤、害虫をたいじする殺虫剤だね。それを機械を使って田んぼにまくんだ。そのとき、人が近づかないように、赤い旗をたてて知らせたんだね。

> 農薬のおかげで、お米がたくさんとれるようになったわ。けれど、ドジョウ、カエルなどの田んぼの生き物も少なくなったのよ。

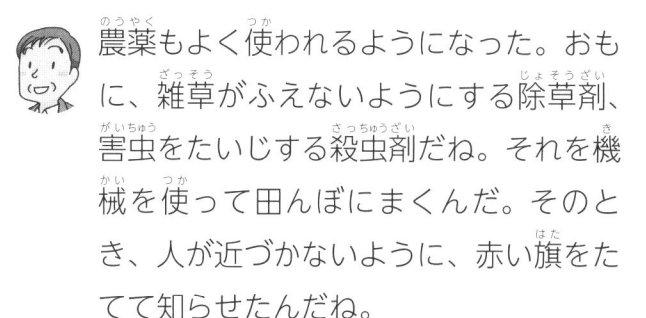

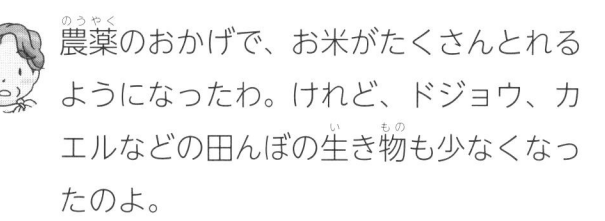

昔のくらしと道具 全巻さくいん

あ

アイロン……4—13
あかり……2—24／3—22／4—8／6—14, 15
揚繰網……3—23
足踏み脱穀機……1—16／6—26
網……3—22, 23
網戸棚……4—11
いかだ……3—11／6—30
石臼……1—23／3—6
いずみ(つと)……2—13
井戸……2—10, 11, 27
糸くり……3—15
いろり……2—5, 8, 9, 24, 27
うけ……3—16
臼……1—18, 20, 23／3—6
うちわ……2—27
えぶり……1—9, 17
オート三輪……4—26
桶……1—24／2—10, 14
おしきり機……1—29
斧……3—10／6—30
おひつ……2—13／4—11
おもちゃ……4—13

か

買い物かご……4—20
鍵……4—9
かご……2—28／4—20
ガスコンロ……4—17
門松……5—6
蚊取り線香……2—26
鎌……1—14／3—8
かまど……2—3, 6, 7／4—16
神棚……2—4／5—6
かや……2—26
唐臼……1—20
カルタ……2—19
くつ……4—8
熊手……2—28
くわ(鍬)……1—9
クワ切り包丁……3—15
蛍光灯……6—14
携帯電話……6—19
こいのぼり……5—15
穀打台……1—22
こたつ……2—30, 31
五徳……2—8

さ

ざる……2—10
七輪……3—12／4—16
しゅら……3—10
食器棚……4—11
水中めがね……3—26
すき(犁・鋤)……1—8, 9
すじひき……1—10
すだれ……2—27
ストーブ……2—31
炭だわら……3—12
炭焼きがま……3—12
石けん……2—15
潜水具……3—26
洗濯機……4—18／6—10
洗濯板……2—14／6—10
千歯こき……1—16
掃除機……6—12
そろばん……6—22

た

田打車……1—12
脱穀機……1—16／6—26
たらい……2—14／4—18／6—10
たわら……1—26
たんす……4—12, 13
チェーンソー……6—30
ちゃぶ台……4—10
テーブル……4—23
テレビ……4—10, 14／6—20

このさくいんのみかた

しらべたいことば（あいうえお順）　説明がある巻とページ

例　テレビ……**4**—10, 14／**6**—20

→この例では、第4巻の10ページ、14ページと第6巻の20ページ。

電気ポット……**4**—11
トイレ・便所……**1**—24／**4**—18
唐箕……**1**—19
とびくち……**3**—10

な

流し……**2**—10／**4**—17
なた……**3**—8
納屋……**1**—5
縄ない機……**1**—29
人形……**1**—27／**2**—20／**5**—14
のこぎり……**3**—8, 10

は

灰かき棒……**2**—6
ハエたたき……**2**—26
羽釜……**2**—6／**4**—16／**6**—6
白熱電球……**6**—14
バケツ……**2**—14
箱膳……**2**—12, 13
はこめがね……**3**—25
はたき……**4**—12／**6**—12
びく……**3**—16
火消しつぼ……**2**—6, 7
肥後守……**2**—21

柄杓……**1**—24／**2**—10, 14
火棚……**2**—8
火ばし……**2**—6, 8
火鉢……**2**—30
火ふき竹……**2**—6, 7
FAX……**6**—18
仏壇……**2**—4
ふるい……**1**—23／**2**—5
ふろ……**2**—22
ベーゴマ……**2**—18
勉強道具……**4**—12
ほうき……**4**—12／**6**—12
保温ジャー……**4**—11
捕鯨銃……**3**—25

ま

まぐわ……**1**—9
マッチ……**2**—7
まな板……**2**—10
まぶし……**3**—15
魔法瓶……**4**—11
魔除け……**1**—27
万石どおし……**1**—19
箕……**1**—18
みこし……**5**—24
みの……**1**—26
むしろ……**1**—18, 26／**2**—9
メンコ……**2**—18

籾すり機……**1**—18
モリ（ヤス）……**3**—25

や

やなぎ行李……**4**—13
湯たんぽ……**2**—31

ら

ラジオ……**4**—14／**6**—20
ランプ……**2**—24
冷蔵庫……**4**—16, 17／**6**—8
レジスター……**6**—22
ろくろ……**3**—17

わ

ワイヤ……**3**—10
綿入れ……**2**—30
わら……**1**—16, 26, 27, 28
わら打ち機……**1**—28
わらじ……**1**—26

35

●監修　大島建彦（おおしま　たてひこ）
東洋大学文学部教授を経て、現在、東洋大学名誉教授、文学博士。日本民俗学専攻。
主要な著書　『咒の伝承』（岩崎美術社）、『疫神とその周辺』（岩崎美術社）、『ことばの民俗』（三弥井書店）、『道祖神と地蔵』（三弥井書店）、『民俗信仰の神々』（三弥井書店）、『日本の昔話と伝説』（三弥井書店）、『疫神と福神』（三弥井書店）、『アンバ大杉の祭り』（岩田書院）、など。
主要な編著　『日本昔話辞典』（弘文堂）、『遊歴雑記』（三弥井書店）、『アンバ大杉信仰』（岩田書院）、『日本の神仏の辞典』（大修館書店）、『民俗のかたちとこころ』（岩田書院）など。

- ●文　　　　　　　　　　大角　修
- ●イラスト　　　　　　　川野郁代
- ●撮影　　　　　　　　　小澤正朗・田中和弘・松井寛泰
- ●本文デザイン・DTP　　栗本順史［明昌堂］
- ●企画・編集　　　　　　伊藤素樹［小峰書店］／大角修・佐藤修久［地人館］
- ●校正　　　　　　　　　鷹羽五月
- ●協力　　　　　　　　　千葉県立房総のむら／教学図書協会／教科書研究センター附属教科書図書館

- ●写真提供　　　　　　　埼玉県川越市立博物館／香川県小豆島町

●引用教科書
海後宗臣著『あたらしい　しゃかい　二ねん』東京書籍株式会社　昭和29年
社会科教育研究会著『たのしいしゃかいか　2ねん』大日本図書株式会社　昭和30年
海後宗臣著『あたらしい　しゃかい　三年上』東京書籍株式会社　昭和29年
海後宗臣著『新編　あたらしい　しゃかい　三年上』東京書籍株式会社　昭和32年
海後宗臣著『新しい社会　四年上』東京書籍株式会社　昭和30年
海後宗臣著『あたらしい　しゃかい　3年上』東京書籍株式会社　昭和35年

昔のくらしと道具❶
農家の仕事と道具

NDC383　35p　29cm

2014年 4月 8日　第1刷発行
2023年12月10日　第8刷発行

監修者　　大島建彦
　文　　　大角　修
発行者　　小峰広一郎
発行所　　株式会社小峰書店　〒162-0066 東京都新宿区市谷台町4-15
　　　　　電話／03-3357-3521　FAX／03-3357-1027　https://www.komineshoten.co.jp/
組　版　　株式会社明昌堂
印刷・製本　図書印刷株式会社

©2014　T.Oshima　O.Okado　Printed in Japan　　　　　　　　　　　　　　ISBN978-4-338-28601-5
乱丁・落丁本はお取り替えいたします。
本書の無断での複写（コピー）、上演、放送等の二次利用、翻案等は、著作権法上の例外を除き禁じられています。本書の電子データ化などの無断複製は著作権法上の例外を除き禁じられています。代行業者等の第三者による本書の電子的複製も認められておりません。
＊引用の教科書の著作権者については一部不明なものがありました。お心当たりの方は、編集部までご連絡ください。

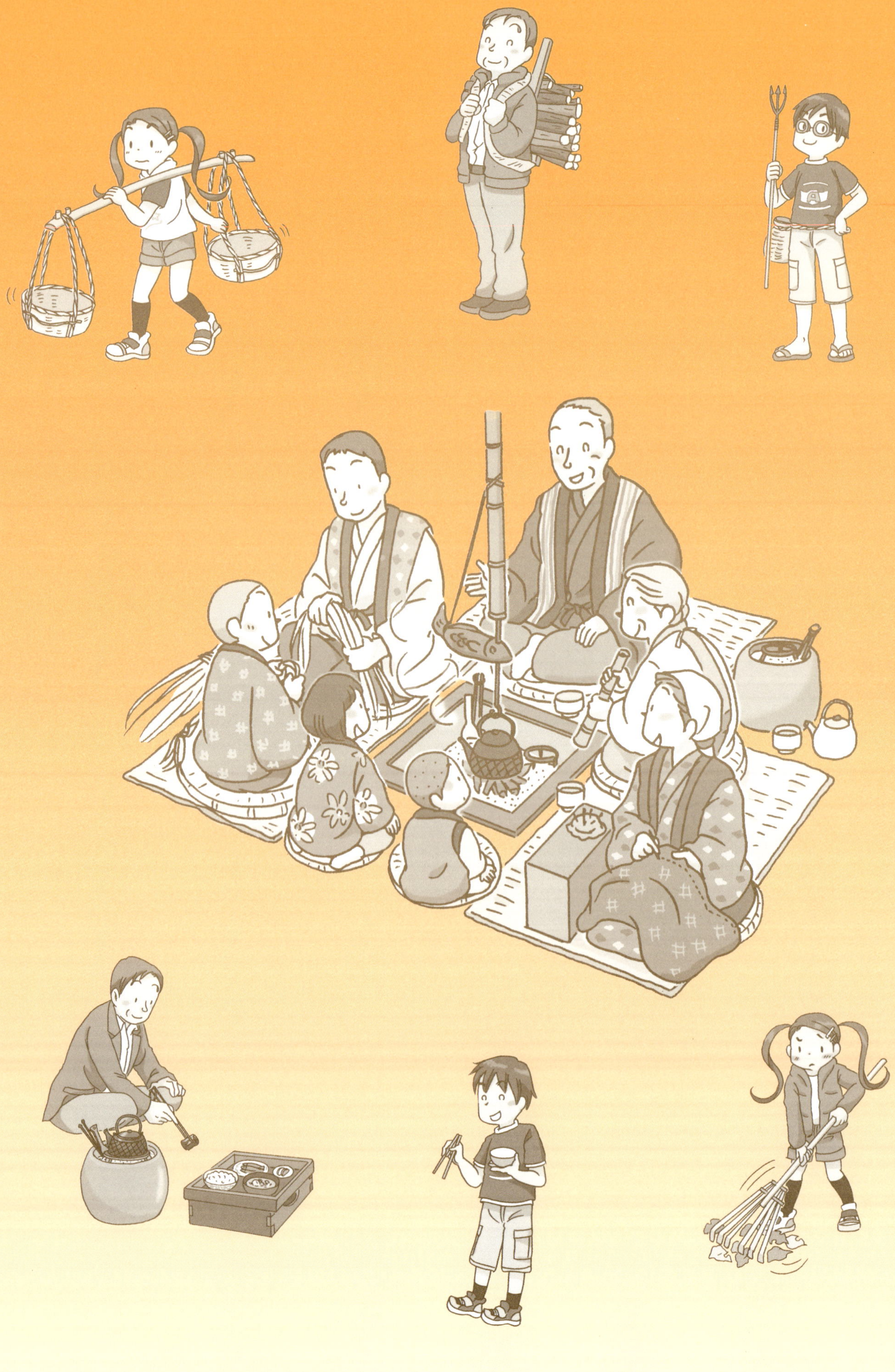